朝一番の光に輝く平城宮跡、第一次大極殿。大極殿は宮の中心施設で、国家儀式の際に天皇が出御する建物だった。

今と古代をつなぐ空間

平城宮跡《へいじょうきゅうせき》

視界が広がる南面に向き、空を見上げていると、古人《いにしえびと》に手が届きそうな気がしてくる。

奈良時代、政治の中心地だった平城宮。当時約七千人の役人が働いていたこの宮には、天皇が居住する内裏をはじめ、国家儀式を行う大極殿やさまざまな役所が建ち並んでいた。朱雀門では、新羅や唐からの使者を華々しく送迎したという。そんな活気あふれるこの宮で、聖武天皇や光明皇后、藤原一族など多くの人物が、「今」へつながる一瞬一瞬を生き、時を積み重ねていったのだ。

古都・奈良の地それぞれに

夕刻の平城宮跡。秋はススキが一面に広がる。繁栄を誇った京の中央北端に位置する平城宮の広さは、約1km四方。この地は古代中国の風水思想による理想の都の条件に適合していたという。一見何もないように見えるが、背景を知るほどに土地の重みや時空の広がりを感じさせる空間である。

刻まれた、歴史という名の、
先人たちのさまざまな「生」。
風景は、少しの想像力で、
心に残る絶景となる。

Data 平城宮跡 ■所在地：奈良市二条大路南4丁目6番1号 ■電話：0742（35）8201 ■交通：近鉄「大和西大寺」駅から徒歩約10分 ■Map：P108

現在平城宮跡には大極殿の他朱雀門、東院庭園などが復原され、四季折々の風情を見せる。なお平城京全体の面積は南北約4.8km、東西約4.3km。人口は10万人ほどだったという。朱雀門からは75m幅の朱雀大路も伸びていた。だが華やかな表舞台の一方、幼い皇子や藤原四兄弟が相次ぎ他界。飢饉などの災いも続き、聖武天皇は深い苦しみの中にいた。

立寄りプラス情報

宇《う》奈《な》多《た》理《り》坐《にいます》高《たか》御《み》魂《むすび》神社《じんじゃ》

平城宮の東張り出し部にある東院庭園近くにひっそり鎮座する古社。日本書紀にも「菟名足」として登場する。室町期の流造の本殿も桧皮葺きで重文。鳥居から大仏殿が望める。

奈良市法華寺町６００番地／０７４２（２７）５２９９

東院庭園北にある清閑な古社

平城宮跡から足を伸ばして

佐紀楯列古墳群《さきたてなみこふんぐん》

人や車が行き交う通りから少し中に入るだけで、豊かに茂る緑の森と、水を湛えた濠が現れる。平城宮跡の北に広がる古墳群。全長二百メートルを越える七基の前方後円墳は、四世紀末から五世紀後半にかけて作られたものという。

奈良時代、この地は離宮や菜園、果樹園など、古墳を取り込んだ多数の園池が散在し、松林苑と呼ばれていた。広大な池や風情ある小径。今は閑静な住宅街となった一角に、「歴史の道」の石標も立つ。

土地に積み重なる記憶の欠片が、歩を進めるごとに現れ

る古都の寄り道。その欠片は
ときに息づき、予期せぬ新た
な世界への扉を開ける。
さあ、奈良の奥深い絶景へ。

平城宮跡北西にある、垂仁天皇皇后の日葉酢媛命（ひばすひめのみこと）陵と成務天皇陵の間の道（右）。近くには神功皇后陵も。また東にはウワナベ、コナベ古墳、水上池などもあり、最寄り駅から徒歩約10分で、古代の面影を残す風景に出逢える。遺跡と日常が違和感なく混在するのも魅力。

Data 佐紀楯列古墳群 ■所在地：奈良市佐紀町 ■電話：0742(34)1111（奈良市役所　観光振興課）■交通：近鉄大和西大寺駅から徒歩約10分で日葉酢媛命陵古墳へ。古墳群すべてを巡ると、約3時間10分。 ■Map：P108

奈良を愉しむ

おとなの奈良 絶景を旅する

目次

一章

堂塔伽藍を望む

歴史ある堂塔が、
日々の暮らしに溶け込んで建っている。
当たり前のように、さりげなく。
広がりある風景の中、古都を味わう。

東大寺二月堂からの真冬の大仏殿。金色の鴟尾（しび）が目印。霧が出ると背景が霞み、一層往時を偲ぶことができる。当時は境内の東西に七重塔も建っていた。夕陽も拝める。揺るぎない存在感と包容力ある造形美を持つ大仏殿は、世界最大級の木造建築。風景に一匙の余情を添える。

壮大でおおらかな奈良のシンボル

東大寺大仏殿《とうだいじだいぶつでん》

その大きさに圧倒されてばかりいた大仏殿に温かみを感じるようになったのは、中に大仏様がいらっしゃることが腑に落ちてから。世界を遍く照らし出す盧舎那仏《るしゃなぶつ》(大仏)を造り、生きとし生けるものすべてがともに栄える世を作りたい。聖武天皇の切実な願いは、無限大の宇宙を表現した仏様の大きさにも現れている。いつの世も奈良を見守ってきた、なくてはならない存在である。

平城坂からの大仏殿（右頁）。国道369号沿いに、一瞬背景の人工物がすべて見えなくなる場所がある。大仏の正式名称は盧舎那仏（るしゃなぶつ）。一枝の草、一握りの土を手に集まった多くの人たちと造りたいとの聖武天皇の願いにより、延べ約260万人が造立に関わったという。東大寺北東からも大仏殿を望める（下）。

Data 大仏殿 ■所在地：奈良市雑司町406-1 ■電話：0742（22）5511 ■交通：近鉄奈良駅から徒歩約20分 ■Map：P108

立寄りプラス情報

東大寺の鐘

鋳造七五一年。通称「奈良太郎」は日本三大名鐘の一つで、毎夜八時に（三月十一日は午後二時四十六分も）鳴る。つき手は明治時代から代々奉仕する川邊家。大鐘家（おおがねや）として鐘を守る。

奈良市雑司町406-1（東大寺境内）／0742（22）5511

奈良時代から変わらぬ音

聖徳太子ゆかりの寺に建つ

斑鳩三塔《いかるがさんとう》

聖徳太子が宮を造営した斑鳩の地には、塔を望む三つの寺がある。寺院にとって塔は、お釈迦様の遺骨を安置したお墓にあたる建物。斑鳩は、日本が国家としてはじめて仏教興隆を結実させた地でもあった。理想の統一国家を目指し尽力する一方、「この世は仮の姿。仏だけが真実」と語ったという太子。その一族は、後にみな絶えた。多くの闇を秘めながら、三塔は今も時を超えた美しさを見せている。

早春、夕刻の法隆寺五重塔。斑鳩神社付近からの塔は朝夕ともに美しい。聖徳太子（当時は厩戸皇子＝うまやどのみこ）は推古天皇の摂政として、自身の政治理想である天皇中心の中央集権国家への礎を築く一方、仏教興隆に力を注ぎ、斑鳩の地を飛鳥と並ぶ仏教の中心地にした。20kmほど離れた飛鳥へは愛馬で通ったという。

Data 法隆寺 ■所在地：生駒郡斑鳩町法隆寺山内1-1 ■電話：0745（75）2555 ■交通：JR法隆寺駅より徒歩約20分 ■Map：P109

立寄りプラス情報

正岡子規の句碑

「柿食へば鐘が鳴るなり法隆寺」。明治二十八年、二十八歳の正岡子規が詠んだ句の石碑は、法隆寺境内の鏡池のほとりにある。鄙びた風情。

生駒郡斑鳩町法隆寺山内1-1／0745(75)2555／8時～17時(2月22日～11月3日)、8時～16時30分(11月4日～2月21日)

晩秋の法輪寺三重塔。この日は雨上がり直前霞が湧き立った。法輪寺は聖徳太子の病気平癒のため、太子の長男、山背大兄王（やましろのおおえのおう）らにより建立されたと伝わる。三重塔は昭和19年焼失。昭和50年再建された。周囲には古い町家が点在し、のどかな里の空気が流れている。境内には石仏も（左）。

Data 法輪寺 ■所在地：生駒郡斑鳩町三井1570 ■電話：0745（75）2686 ■交通：JR法隆寺駅から徒歩約35分 ■Map：P109

立寄りプラス情報

田村のみたらし団子

旧伊勢街道だった並松（なんまつ）商店街にある、みたらし団子のみの店。味付けは素朴な醤油のみで、後味もさっぱり。注文後に焼くため、常に焼きたての香ばしさが楽しめる。

生駒郡斑鳩町法隆寺南1-6-23／0745（75）5450／9時〜18時　月曜、第2日曜定休／1本70円

斑鳩歩きの途中で寄りたい

秋、夕刻の法起寺三重塔。山背大兄王の宮を太子の遺命で寺に改めたと伝わる。太子亡き後皇位継承政争に巻き込まれた山背大兄王は、蘇我入鹿の軍に襲撃され、一族みな自害。駐車場から見上げると、塔周辺に太子一族の無念を表すような鱗雲が広がっていた。

Data 法起寺 ■所在地：生駒郡斑鳩町大字岡本1873番地 ■電話：0745 (75) 5559 ■交通：JR法隆寺駅より北東約2.5km ■Map：P109

初瀬《はせ》の山々と朝日を望む祈りの場所

長谷寺の舞台《はせでらのぶたい》

胸がすく、とはこういう眺めを言うのだろう。本堂前の舞台から見えるのは、古来陽が昇る山として崇められてきた與喜山《よきさん》などの山々と、四季折々色を変える木々。かつて紫式部や清少納言も訪れたというこの初瀬の地に、修行僧の声が響き渡る。創建以来千年以上、日々欠かさず続けられてきた祈りの風景。積み重なる先人たちの想いとともに、今日も清らかな声が刻まれる。

山の斜面に迫り出すように造られた舞台は、399段の階段を上った先にある。道のりが長い分舞台での感慨はひとしお。修行僧は朝のお勤めの後山々を遥拝する。十一面観世音菩薩をご本尊とする長谷寺は観音信仰の中心。花の御寺としても有名で、四季各々美しい。本坊から見る本堂も絶景（左）。

Data 長谷寺 ■所在地：桜井市初瀬731-1 ■電話：0744（47）7001 ■交通：近鉄長谷寺駅から徒歩約15分 ■Map：P109

清冽な空気をまとった山寺

室生寺伽藍《むろうじがらん》

階段を上るたび、新しい風景が現れる。雪が降り積もる音まで聞こえそうな冬の朝、迎えてくれたのは、柿葺《こけら》きや桧皮《ひわだ》葺きの五つの伽藍と、すべて木彫りの十体の仏像。けっして開放的ではないけれど、ひとたび身を預ければ懐深く受け止めてくれる。そんな寺全体を包む空気が、心を自ずと安らかにさせる。春の石楠花、秋の紅葉。四季折々の情趣を味わい、心を澄ませたい。

雪の五重塔と本堂（上）。金堂と弥勒堂（下）。山深い地ゆえに廃仏毀釈の影響を免れ、仏像、伽藍はすべて国宝か重文。女人禁制だった高野山に対し女性の参詣を認めたことから女人高野と呼ばれる。五重塔横の如意山には、弘法大師空海が師の恵果（けいか）阿闍梨から授かった如意宝珠を埋めたとの伝承も。

Data 室生寺 ■所在地：宇陀市室生78 ■電話：0745（93）2003 ■交通：近鉄室生口大野駅からバスで約15分 ■Map：P109

新旧の対称美
西塔と東塔

薬師寺二塔《やくしじにとう》

平城京の西、かつての右京に位置する西ノ京。ゆったりとした空気感が心地よいこの地には、薬師寺の三重塔を望む池がある。千三百年の時を経て古色の味わいを深める東塔と、鮮やかな丹色が目を引く一九八一年再興の西塔。新旧の両塔が、若草山、高円山《たかまどやま》を背景に朝陽に輝く。栄枯盛衰は人の世の常。だが祈りや想いは受け継がれていくことを、この二塔は教えてくれる。

冬の朝七条大池（勝間田池）からの眺め。満月の夜も幻想的。薬師寺は天武天皇が発願、文武天皇の御世に飛鳥で堂宇が完成し遷都で現在地に移された。塔が六重に見えるのは裳階（もこし）と呼ばれる小さな屋根のため。全体に独特のリズム感がある。西塔はお写経の浄財により再興。東塔は現在解体修理中。

Data 薬師寺 ■所在地：奈良市西ノ京町457 ■0742（33）6001 ■交通：近鉄西ノ京駅下車すぐ ■Map：P109

二章

花鳥風月を味わう

作り手の情熱と、守り継いできた人々の懸命さ。
今この一瞬の花、紅葉、雪景色は、
積み重なる想いと自然の恵みにより、目の前にある。

早朝の月ヶ瀬渓谷。大正11年（1922）、約19.7ヘクタールが「月ヶ瀬梅林」の名で名勝に指定された。梅の見頃は2月後半から3月中旬。

一万本の梅が咲き誇る渓谷美

月ヶ瀬梅林《つきがせばいりん》

春本番が待ち遠しいまだ肌寒い季節、清新な香りとともにほころぶ梅。もともと外来植物のこの花は、中国風の雰囲気で古代の貴族たちを魅了し、万葉集にも約百二十首詠まれている。奈良市北東の月ヶ瀬梅林は、奈良公園などとともに日本で最初に名勝指定された地。かつて当地を訪れた谷崎潤一郎は、「真珠の粒をばらまいたよう」と花姿を表現した。壮大な渓谷や豊かな香り。五感全部で味わいたい。

梅と茶畑。月ヶ瀬は茶の産地（上）。紅葉もおすすめ（左頁左）。3月は、早朝時折水面から水蒸気が立ちのぼる「毛嵐」が見られる（左頁右）。月ヶ瀬の梅はもともと紅花染めに使う「烏梅（うばい）」を作るため植林され、江戸期は10万本を数えたという。著名人も数多く来訪。

Data 月ヶ瀬梅林 ■所在地：奈良市月ヶ瀬長引21-8（月ヶ瀬観光会館）■電話：07439（2）0300（月ヶ瀬観光会館）■交通：奈良市から車で約50分（柳生経由）■Map：P109

奈良公園 鷺池のほとりに咲く

浮見堂の桜《うきみどうのさくら》

数多くの花の中、特別な位置を占める桜。古来日本人は、そのはかない一瞬の花姿に凝縮された美を見てきた。この季節、奈良公園は一気に華やぐ。中でも大正五年（一九一六）、憩いの場として建てられた浮見堂にはソメイヨシノが咲き、詩情あふれる風景になる。万葉びとや西行、芭蕉が歌に詠んだ山桜。江戸末期に育成され明治期に多数植林されたソメイヨシノ。それぞれの美しさで奈良の春を彩る。

“花曇り”という言葉もあるように、桜には薄曇りが似合う。満開も散る姿も、ともに風情あるのも魅力。水辺では水面に散った花びらにも目を向けたい。浮見堂近辺、春日大社参道南に広がる一帯は浅茅ヶ原園地と呼ばれ、片岡梅林などもある。

Data 浮見堂 ■所在地：奈良市春日野町 ■電話：0742（22）0375（奈良公園事務所）■交通：近鉄奈良駅よりバス「春日大社表参道」下車、南へ徒歩約５分 ■Map：P108

万葉集に歌われた川を彩る桜並木

佐保川の桜《さほがわのさくら》

奈良時代、高官たちの邸宅が建ち並んでいたという佐保丘陵。約千本もの桜の木は、その南、佐保川の両側に大きく腕を広げるように立っている。

この桜は江戸末期の奈良奉行、川路《かわじ》聖謨《としあきら》が五十年、百年先を見越して働きかけた、大規模な植樹事業に始まるという。「後世の人々が植樹し補ってくれれば」。川路の願いどおり今も植え継がれ、多くの市民に愛される桜。木を通して、人の想いがつながっていく。

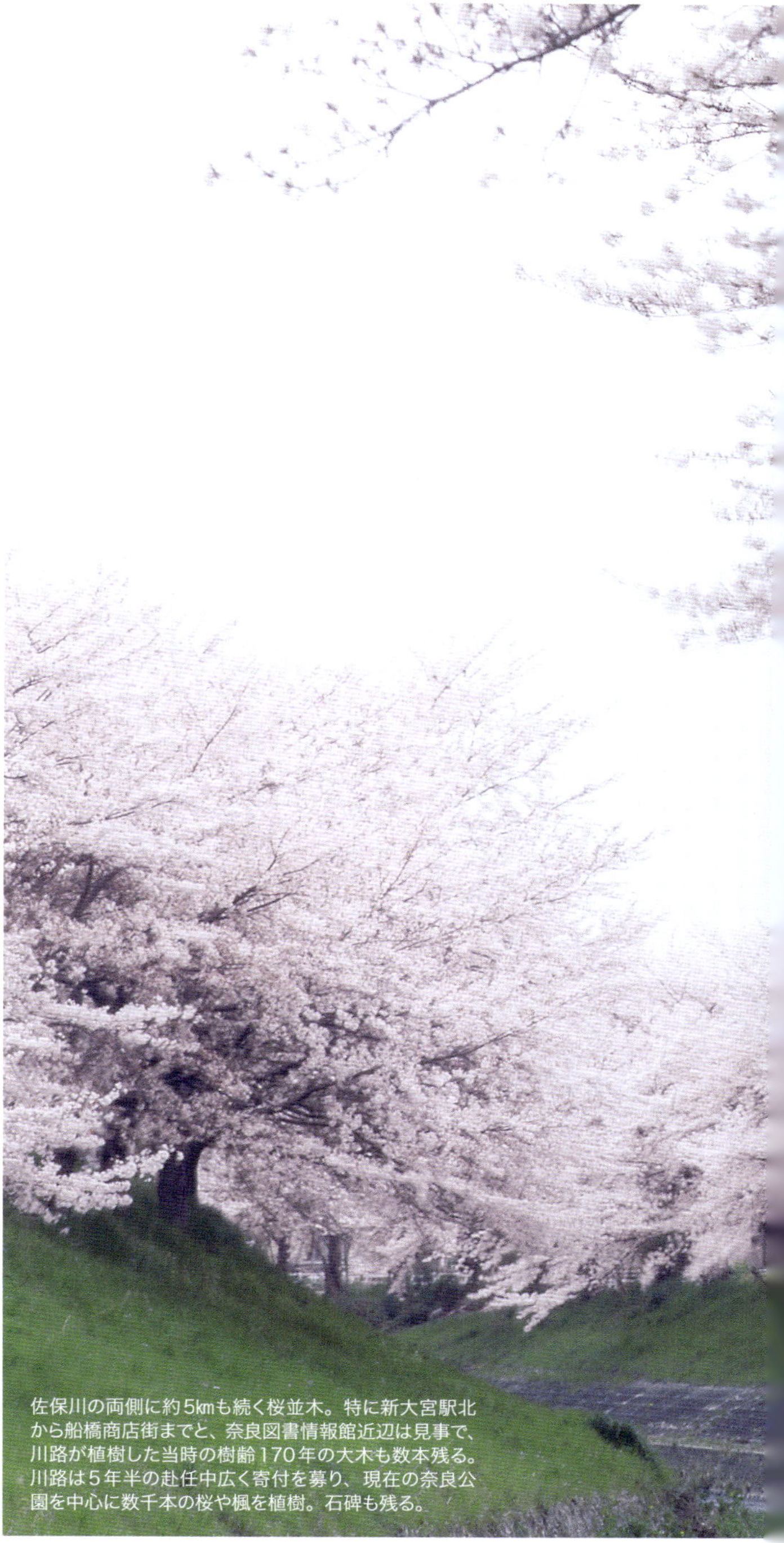

佐保川の両側に約5㎞も続く桜並木。特に新大宮駅北から船橋商店街までと、奈良図書情報館近辺は見事で、川路が植樹した当時の樹齢170年の大木も数本残る。川路は5年半の赴任中広く寄付を募り、現在の奈良公園を中心に数千本の桜や楓を植樹。石碑も残る。

Data 佐保川 ■所在地：奈良市法華町から大安寺町付近 ■電話：0742（22）3900（奈良市観光センター、開花状況のみ）■交通：近鉄新大宮駅より徒歩約5分 ■Map：P108

蔵《ざ》王《おう》権《ごん》現《げん》の献木として人々が植え続けてきた

吉野の山桜《よしののやまざくら》

上千本からの早朝の眺め。一面青みがかった風景に、修験道の最高神仏、青黒（しょうこく）色の蔵王権現を思い出した。青黒は慈悲の表れという。吉野の山は修験者にとって修行道場で、神仏そのもの。蔵王権現は、この自然のように大きく厳しく、懐深い。

その数、約三万本。だが桜の名所の豪華絢爛さを期待すると、戸惑うかもしれない。吉野の桜の中心は、花つきが控えめな山桜。修験道の開祖・役行者が、修行中感得した蔵王権現を山桜の木に刻んで以来ご神木となり、「生きたお供え花」として献木されてきた。桜の木一本一本に刻まれたそれぞれの祈りと、守り継いできた人々の想い。まさに唯一無二の桜の聖地である。

三体の蔵王権現立像をご本尊とする金峯山寺蔵王堂（右）。権現は憤怒の形相でこの世の一切の魔を、さらには心中の魔を一喝するように拝観者を見据える。中千本から見上げた「滝桜」（左）。山のふもとから下、中、上、奥千本と花期がずれ、約1ヶ月かけ咲き上る。

Data 吉野 ■所在地：吉野郡吉野町吉野山 ■電話：0746（32）1007（吉野山観光協会）■交通：近鉄吉野駅よりロープウェイ「吉野山」下車、徒歩約50分（上千本）■Map：P109

立寄りプラス情報

如意輪寺

後醍醐天皇の勅願寺として知られる如意輪寺では、四月上旬から下旬まで花見座敷が解放され、桜を愛でながらお抹茶などがいただける。境内には樹齢約二百五十年のしだれ桜も。

吉野郡吉野町吉野山1024／0746（32）3008／9時〜16時（ただし4月のみ7時〜17時）／拝観料400円（お茶代などは別途）

中千本の桜を一望

倭《やまと》建《たけるの》命《みこと》が歌に詠んだ自然美

平群桃源郷《へぐりとうげんきょう》

「桃源郷」は地名ではない。誰が名付けたか口コミで広まったという。倭建命の辞世の句四首の中の一つに、その名が登場する平群の地。その住宅街から、細く急な坂道を車で五分ほど走ると、突如眼前に別世界が現れる。斜面を覆うさまざまな樹木の花、響き渡る鶯の声。遠く青垣の山々も見渡せる。「倭は国のまほろば」。倭建命の歌の言葉が、実感を伴って心に深く刻まれる。

生駒山系南麓に広がる桃源郷は、地名では福貴畑（ふきはた）。椿や梅、サンシュユ、モクレン、桃、桜など次々咲く。写真は４月初旬の早朝。倭建命は東方への遠征中最期を迎えたが、そのときの句に「大和に戻れた者は、平群の山の大きい樫の葉を髪に挿して飾れ」と詠んだ。

Data 桃源郷（福貴畑）■所在地：生駒郡平群町福貴畑 ■電話：0745（45）1017（平群町役場　観光産業課）■交通：近鉄平群駅より徒歩約30分 ■Map：P109

一万二千坪の境内に咲く四季折々の花

長岳寺《ちょうがくじ》

大門をくぐったときから物語が始まる。ツツジの生け垣が続く参道を歩き、日本最古の鐘楼門をくぐると、そこは極楽浄土を再現したという浄土式庭園。五月には杜若の花も咲きそろう。そよぐ風、鳥の声、そしてご本堂の静かな顔の阿弥陀様。「花浄土」とご住職は言う。「四季折々の花が咲く境内で、日常を離れ心安らかになっていただければ」と。時が豊かに流れていく。

4月下旬から5月中旬に咲く杜若。この季節、境内はツツジの花や若葉でもっとも華やぐ。「杜若は早朝、紅葉は夕方が美しいと私は思います」とご住職。長岳寺は淳和天皇の勅願により、天長元年（824）弘法大師が創建した古刹。仏像5体、建造物4棟が重文で、室町時代の美しい庭園も。

Data 長岳寺 ■所在地：天理市柳本町508 ■電話：0743（66）1051 ■交通：JR柳本駅より徒歩約20分 ■Map：P109

ご本尊、地蔵菩薩の姿に重ねた花

矢田寺《やたでら》

梅雨のうっとうしい時期参詣する人に楽しんでもらいたい。そんな想いから、五十年ほど前三百株植えたのが始まりという。紫陽花の色の移り変わりは、変化して留まることがない諸行無常の心を、雨に打たれながら咲く花姿は、苦しみを代わって受け、和らげてくださる代授苦《だいじゅく》の仏様、地蔵菩薩の姿に重ねているとご住職。境内の一万株の紫陽花が、束の間雨を忘れさせる。

斜面を利用した立体的な造りの紫陽花庭園。大人の背丈を越す大株もあり、6月中旬は紫陽花の迷路のよう。見本園にも約60種揃う。矢田寺は天武天皇勅願により白鳳4年（674）建立された古刹。木造地蔵菩薩立像をご本尊とする地蔵信仰の中心地でもある。

Data 矢田寺 ■所在地：大和郡山市矢田町3549 ■電話：0743（53）1445 ■交通：近鉄郡山駅よりバス「矢田寺」下車、徒歩約10分 ■Map：P109

凛とした
気品ただよう
静寂の尼寺

興福院《こんぶいん》

佐保山を背にひっそりと建つご本堂、優美な屋根の曲線が印象的な桧皮葺きの客殿。境内の凛としたたたずまいは門前からもうかがえる。東大寺の転害門から平城宮跡に至る一条大路。佐保路とも呼ばれるその通りから、北へ歩を進めるごとにざわめきが遠ざかり、やがて静寂に包まれる。庭として完結していながら、遠く奈良の街並みを望む造りの妙。立体感ある紅葉である。

11月下旬の本堂からの眺め。中門に吸い込まれそうに紅葉が連なり、奥に奈良の街並みが一望できる。天平時代創建の興福院は浄土宗の尼寺。もとは平城京の右京にあったが、江戸時代、現在地に移された。重文の客殿も江戸期のもので、小堀遠州が手がけたとされる庭園もある。現在一般拝観は不可。参道の桜並木も美しい。

Data 興福院 ■所在地：奈良市法蓮町881 ■電話：0742（22）2890 ■交通：近鉄奈良駅よりバス「佐保小学校前」下車、徒歩約3分 ■Map：P108

お薬師様への信仰が育んだ自然

正暦寺の紅葉《しょうりゃくじのこうよう》

錦を織りなす色とりどりの木々が幾重にも重なり合う。市街地から八キロメートルほどの距離ながら、深山幽谷の趣がある正暦寺。山内にはご本尊のお薬師様への信仰から、すべて薬効のある草木が植えられている。その数、約一三〇種。創建以来長い栄枯盛衰の歴史をくぐり抜け、先達が守り続けてきた自然と気候風土。多くの積み重ね、巡り合わせがその年々の紅葉を育む。

本堂（上）とお堂から見た眺め（右頁）。「色づいた葉と落葉、両方が同じ光の強さになる午後3時頃が特にきれいです」とご住職。正暦寺は一条天皇の勅命を受け、正暦3年（992）に創建。当初86の塔頭が建ち並び、宗教都市の様相を見せていたという。

Data 正暦寺 ■所在地：奈良市菩提山町157 ■電話：0742（62）9569 ■交通：紅葉シーズンはJR・近鉄奈良駅より正暦寺行き臨時バスが出る ■Map：P109

重文の福寿院客殿から見た眺め（上）。楓や銀杏、欅の巨木を借景とした庭園。紅葉のピークは11月22～24日頃。一晩にして透明感ある色に変わり、その美しさは一週間ほど続くという。また新緑の季節は、一面澄み切った薄緑色になり、まさに瑠璃光浄土の世界になる。

立寄りプラス情報

日本清酒発祥の地

十四〜十五世紀、寺内の清流、菩提仙川の水を用い、神仏に捧げるため自家醸造したのが清酒の始まりという。1月には近年復活された酒母（酒のもと）造りが見学できる菩提酛清酒祭も。

奈良市菩提山町157（正暦寺境内）／0742（62）9569／祭り当日は送迎車の準備あり。問い合わせを。

菩提仙川のほとりには石碑も立つ

茶人 片《かた》桐《ぎり》石《せき》州《しゅう》の心に触れる庭

慈光院《じこういん》

心が落ち着き清々しくなる。その背景に、どれほどさりげなくも考え抜かれた心配りが存在するのだろう。大和小泉藩の藩主で茶人、片桐貞昌(石州)建立の禅寺は、境内全体が一つの茶席になるよう総合的に演出されている。「日々作務をしながら、庭という、形に表わされたものの向こう側にある石州の心と対話しています」とご住職。庭を通じて、石州の、守り継いできた人たちのもてなしの心を感じ取りたい。

一之門へ誘う表参道（右）。石州の出生地、摂津茨木城から譲り受けた山門は、移築後に茅葺きに変えたという。書院に続く廊下からも見える（左）。石州は徳川4代将軍家綱の茶の湯指南役で、茶道石州流の祖。「分相応の茶」を説き、格式と謙虚さを大切にした。建物や庭にも、石州の謙虚な人柄が現れているという。

Data 慈光院 ■所在地：大和郡山市小泉町865 ■電話：0743（53）3004 ■交通：JR大和小泉駅下車 徒歩約15分 ■Map：P109

立寄りプラス情報

名物の石州麺

植物油を使用せず手延べした麺は、石州が茶会時に自ら腕をふるい、振る舞ったものという。コシがありながらのどごしがなめらか。慈光院内で販売している。

2袋（140g×2）1300円

吉野葛も使ったこだわりの麺

茅葺きの書院から庭を望む（上）。周囲の自然と一体となった庭には、茶席に欠かせない季節ごとの風情が楽しめるよう、さまざまな木の刈り込みが配されている。サツキの季節が有名だが、「飾り立てず、自然に」の心は雪景色にも合う。境内には石州の代表的な席と言われる、重文の茶室もある（左）。

column

そぞろ歩きも
また愉しい

奈良市街の絶景散歩

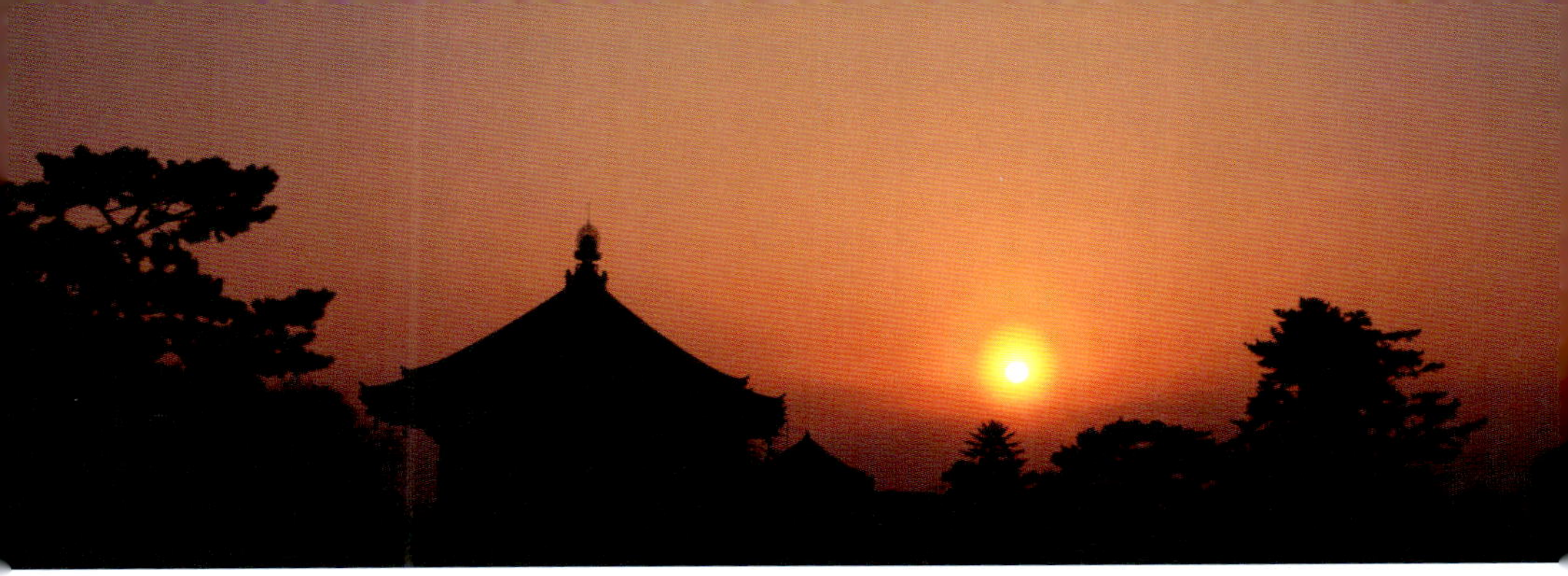

絶景巡りは春日大社境内の飛火野から（右頁上）。車があれば若草山ドライブウェイもおすすめ。桜や紅葉と一緒に大仏殿が望める（右頁下）。夕刻の興福寺南円堂は、奈良らしい風景とともに夕陽が望める場所（左頁上）。沈む太陽を眺めていると、時間が消える感覚に陥る。猿沢池と興福寺五重塔の組み合わせも奈良独特の絶景（左頁下）。Map:P108

1

column

奈良市街の絶景散歩

市の中心部近くの春日山に今なお原始林が残り、千年以上も野生の鹿と人間が共生してきた奈良。豊かな自然と、かつて大陸、唐の影響を受けた歴史ある都の情趣が、おおらかな空気感を生み出すこの町では、市街地でも絶景巡りが楽しめます。平城京の外京にもあたるこの界隈で、一日、絶景巡りの散歩はいかがでしょう。

もしも朝早起きできたら、春日大社・表参道南の飛火野(56頁)へ。すがすがしい光の中、緑豊かな草原で鹿が草を食む光景は、室町時代の記録にも登場する南都八景の一つです。特に十二月の春日若宮おん祭のお渡り式(毎年十二月十七日)の朝は、飛火野で馬が休憩する風景も見られ、平安期にタイムスリップした錯覚をおぼえます。

一方東大寺の南大門[1]も奈良独特の風景。どこか大陸的な壮大な門は、南都焼討で灰燼に帰した東大寺を復興させた重源《ちょうげん》上人が、鎌倉時代に自ら指揮をとり再建させたもので、外からは二層に、中は吹き抜けの特殊な構造になっています。屋根裏まで続く横材の十文字の重なりは、大柱に穴を開け、内部で横材を四つ巴にかみ合わせて楔で固定した重源独自の工法で、現代の鉄骨造りと同じ原理と言いま

す。門を通るときは、上を見上げることを忘れずに。

　四季折々の自然も、ときに目を引く風景となります。奈良公園で真っ先に満開になる、氷室《ひむろ》神社［2］のしだれ桜もその一つ。一方、紅葉の季節なら瑜伽《ゆうが》神社［3］へ。この神社が鎮座する瑜伽山一帯は、奈良時代、「平城の飛鳥」と呼ばれた聖地で、桜や楓の季節には宴も催されたと言います。同じ道沿いには見晴らしのよい天神社［4］もあり、心静かに奈良が楽しめます。

　また奈良市街を一望するなら、白毫寺《びゃくごうじ》［5］へ。この地はかつて高円と呼ばれ、天智天皇の第七皇子、志貴皇子《しきのみこ》の離宮があった場所で、現在は樹齢四百五十年という奈良の三大椿の一つ、五色椿や萩の寺としても有名です。ゆるやかに続く坂道と長い階段。一歩ずつ歩を進め、たどり着いた境内からは、銀色に光る甍屋根の連なりや五重塔、遠く生駒山も見渡せます。

　絶景巡りもそろそろ終盤。締めくくりは東大寺二月堂か、興福寺五重塔へぜひ。二月堂からは見晴らしのよい風景の中沈む夕陽が、五重塔からは南円堂と夕陽（57頁）という奈良らしい風景が楽しめます。現在再建中の金堂完成後は、一層絶景となるでしょう。

　思えば、市街地で絶景巡りの散歩ができるとは、なんと贅沢なことでしょう。歩くたび味わいが深くなる。奈良とはそんな町かもしれません。

三章

神話や歴史の舞台を歩く

土地の空気が、
神話や歴史上の出来事を
生き生きと息づかせる。
書物からこぼれ落ちた、欠片を拾いに。

神話の舞台、高天原（たかまがはら）伝承地からの眺め。
稲穂越しに奈良盆地や青垣の山々が見渡せる。

神々が住むとされる天上界の伝承地

高天原《たかまがはら》

記紀神話に登場する、神々が生まれ住む世界、高天原。金剛山の中腹に広がる台地は、その伝承地の一つとされている。神話によれば、高天原は天照大御神によって治められ、稲を育てる神田や新嘗祭を行う神聖な御殿、神の衣を織る機織り小屋などがあるという。降り注ぐ太陽、豊かに実る稲穂。静寂の中、遠く青垣の山々を見ていると、一瞬神話と現実の境がぼやけ、時が消えた錯覚に陥る。

高天原から見た風景（右頁）。奈良盆地も一望でき、特に早朝は神々しい。この地に鎮座する高天彦（たかまひこ）神社（下）のご祭神、高御産巣日（たかみむすひの）神は、天地が分かれたとき二番目に現れた性別のない神。周囲の清浄な空気感ともに、神話世界へ誘う。

Data 高天原 ■所在地：御所市大字高天 ■電話：0745（66）0609（高鴨神社社務所）■交通：近鉄御所駅から奈良交通バス「鳥井戸」下車、徒歩約40分 ■Map：P109

立寄りプラス情報

高鴨神社

大和の名門貴族、鴨族の守護神を祀った神社で全国賀茂社の総本宮。弥生中期、鴨一族はこの地から全国に分布。各地で鴨族の神を祀った。高天原から車で約十分。

御所市鴨神1110／0745（66）0609

静かですがすがしい境内。室町時代の本殿は重文。

古来人々に崇拝されてきた日出づる東の山

三輪山《みわやま》

風格ある山である。お鎮まりになるのは大物主大神《おおものぬしのおおかみ》。大《おお》国主神《くにぬしのかみ》が国作りを行う途中、海から現れ、自分を祀れば一緒に国を作ろうと仰せになった神である。崇神天皇の御代には、祟り神として登場し、意《お》富多多泥古《おたたねこ》に自分を祀らせるよう求めている。古来、日出づる山として、人々の心のよりどころとなってきた三輪山。神に、太陽に、手を合わせる人々の祈りが、山に宿る。

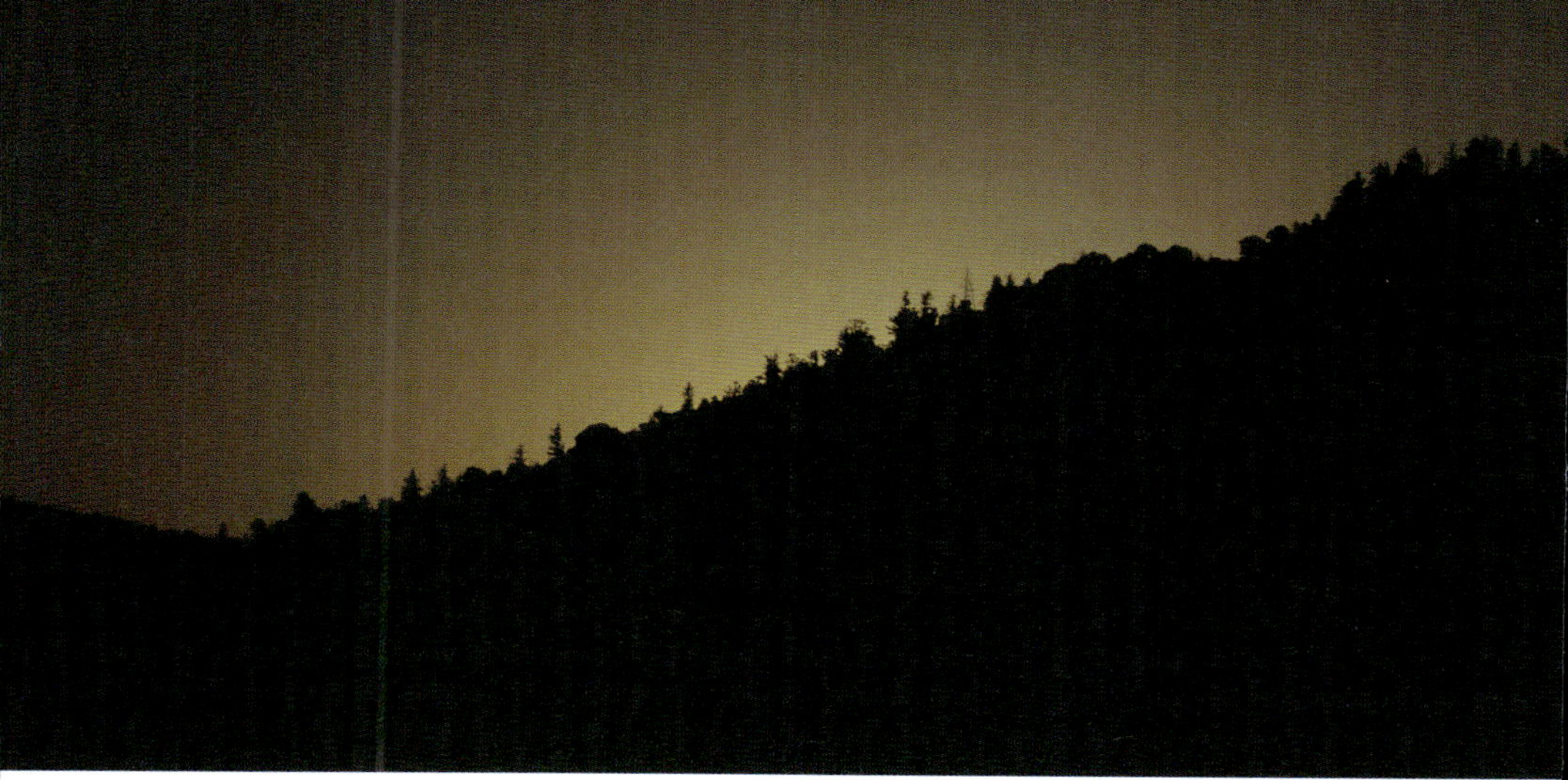

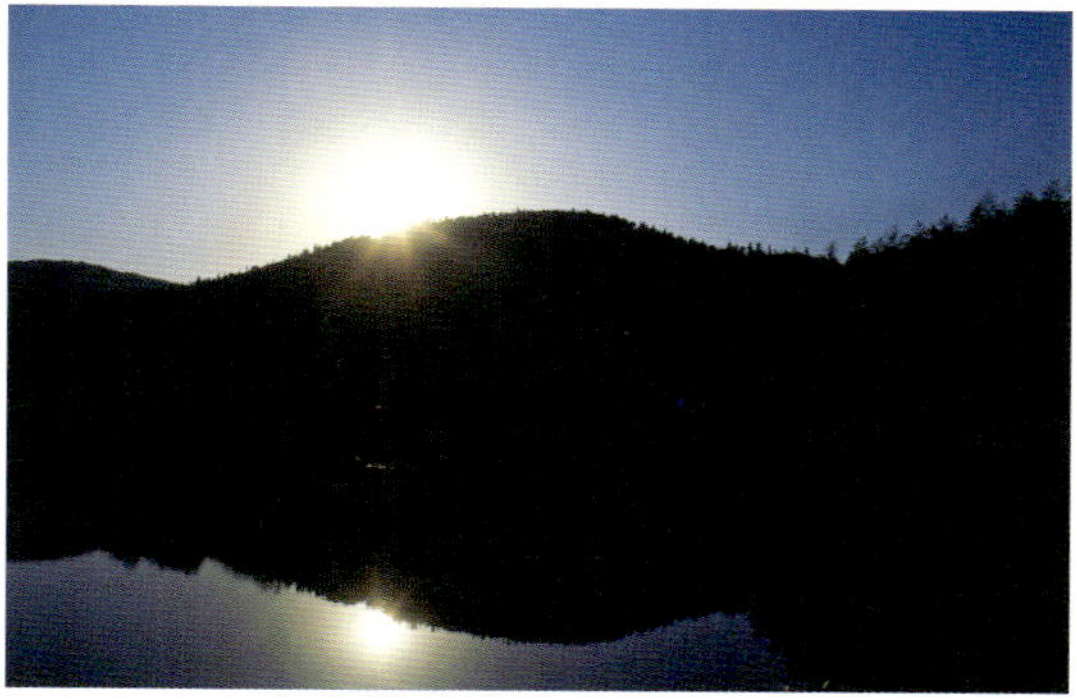

桧原神社近くの池から見た初春の日の出。三輪山は、対峙する二上山とともに祈りの対象であり、生活の原点となる大切な存在だった。この山から日が昇り、二上山に沈むという太陽運行が、奈良盆地での稲作の基盤になっていたという。なお神武天皇の妃は、大物主大神の娘である。

Data 三輪山 ■所在地：桜井市三輪1422 ■電話：0744 (42) 6633 (大神神社) ■交通：JR三輪駅から東へ徒歩約5分 ■Map：P109

大津皇子《おおつのみこ》が眠る日没《ひぼつ》する西の山

二上山《にじょうざん》

人の想いが、風景を特別な存在にする。雄岳、雌岳の二つの頂を持つ二上山。古の大和の人々は、日が没するこの山の向こうに浄土世界を見ていた。また飛鳥時代には、天武天皇の没後まもなく、謀反人として突如逮捕され死罪となった、若き大津皇子が葬られた。皇子に殉じて命を絶った妃、山を皇子と思い偲んだ姉。見る者の想像力によって、夕陽が美しく、深く心に迫る。

山の辺の道方面から秋の二上山を望む。この日は霞がかかり夕陽がくっきり見えた。高い頂が雄岳。大津皇子の陵墓がある。左が雌岳。春秋の彼岸の中日は2つの頂の間に日が沈む。三輪山と二上山を結ぶ直線上にある奈良盆地中央部からは、弥生時代初期の祭祀土器が多数出土している。

Data 二上山 ■所在地：葛城市新在家から加守 ■電話：0745 (48) 2811（葛城市役所商工観光課）■交通：近鉄二上山神社口駅より雄岳頂上まで徒歩約2時間 ■Map：P109

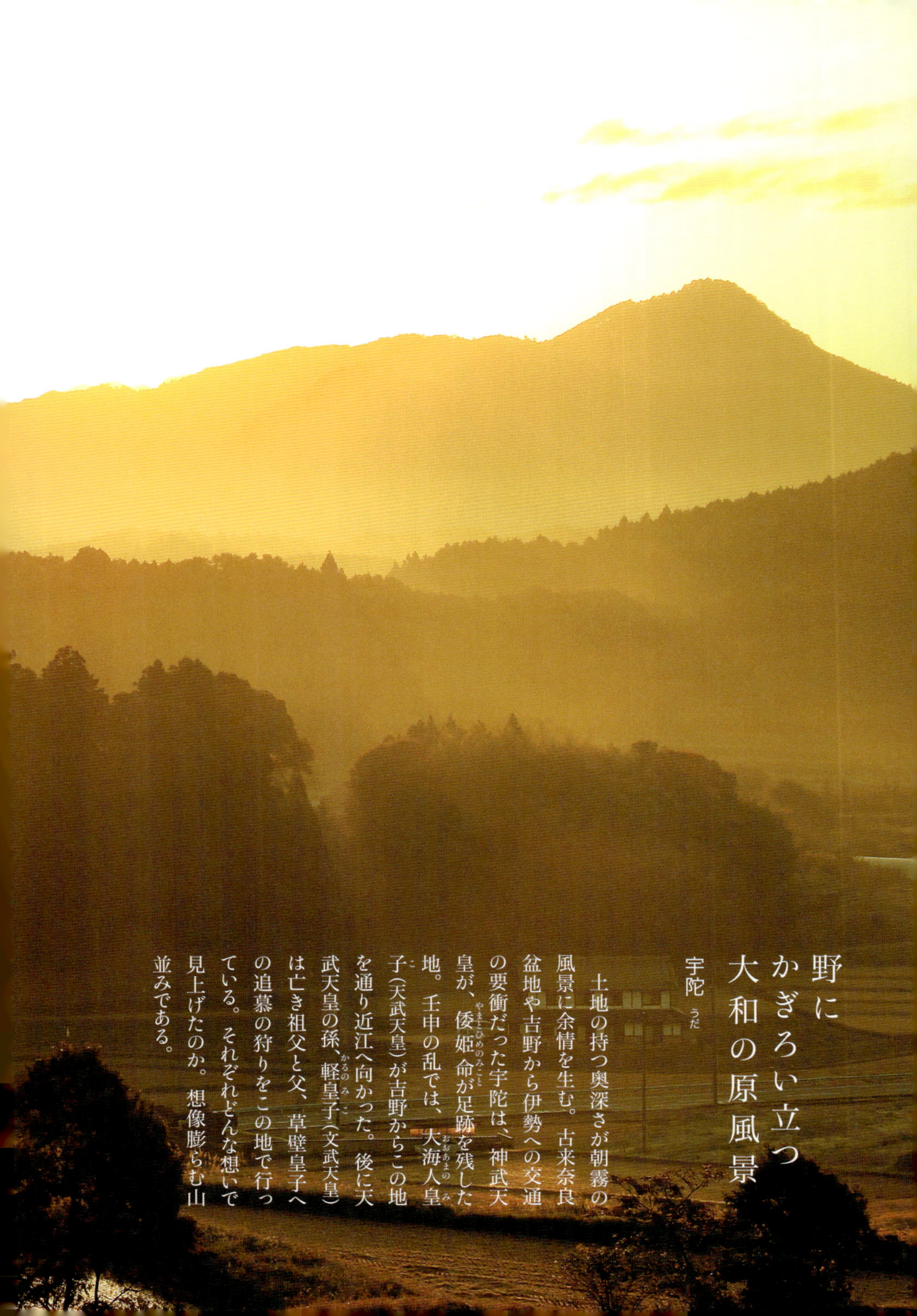

野に
かぎろい立つ
大和の原風景

宇陀《うだ》

土地の持つ奥深さが朝霧の風景に余情を生む。古来奈良盆地や吉野から伊勢への交通の要衝だった宇陀は、神武天皇が、倭姫命《やまとひめのみこと》が足跡を残した地。壬申の乱では、大海人皇子《おおあまのみこ》(天武天皇)が吉野からこの地を通り近江へ向かった。後に天武天皇の孫、軽皇子《かるのみこ》(文武天皇)は亡き祖父と父、草壁皇子への追慕の狩りをこの地で行っている。それぞれどんな想いで見上げたのか。想像膨らむ山並みである。

榛原（はいばら）付近安田からの眺め。初秋から冬にかけて朝霧が見られる。宇陀や室生の山々の向うは伊勢。倭姫命は天照大御神のご鎮座地を探す旅の途中宇陀に立ち寄ったと伝わる。奈良盆地を本拠地とする古代人にとって、東の山々は特別な場所だった。

Data 宇陀 ■所在地：宇陀市榛原 ■電話：0745（82）2457（宇陀市観光協会）■交通：国道166号線沿い もしくは近鉄榛原駅から徒歩約50分 ■Map：P109

立寄りプラス情報

森野旧薬園

明治期に五十三軒の薬屋があった宇陀松山。中でも日本古来の製法で吉野葛を作り続ける老舗の森野吉野葛本舗には、江戸中期十一代目が開設した薬園が残り、約二百五十種の薬草木が楽しめる。

森野吉野葛本舗　森野旧薬園　宇陀市大宇陀上新1880／0745（83）0002／9時〜17時／入園料300円

歴史ある薬のまち、宇陀松山を一望

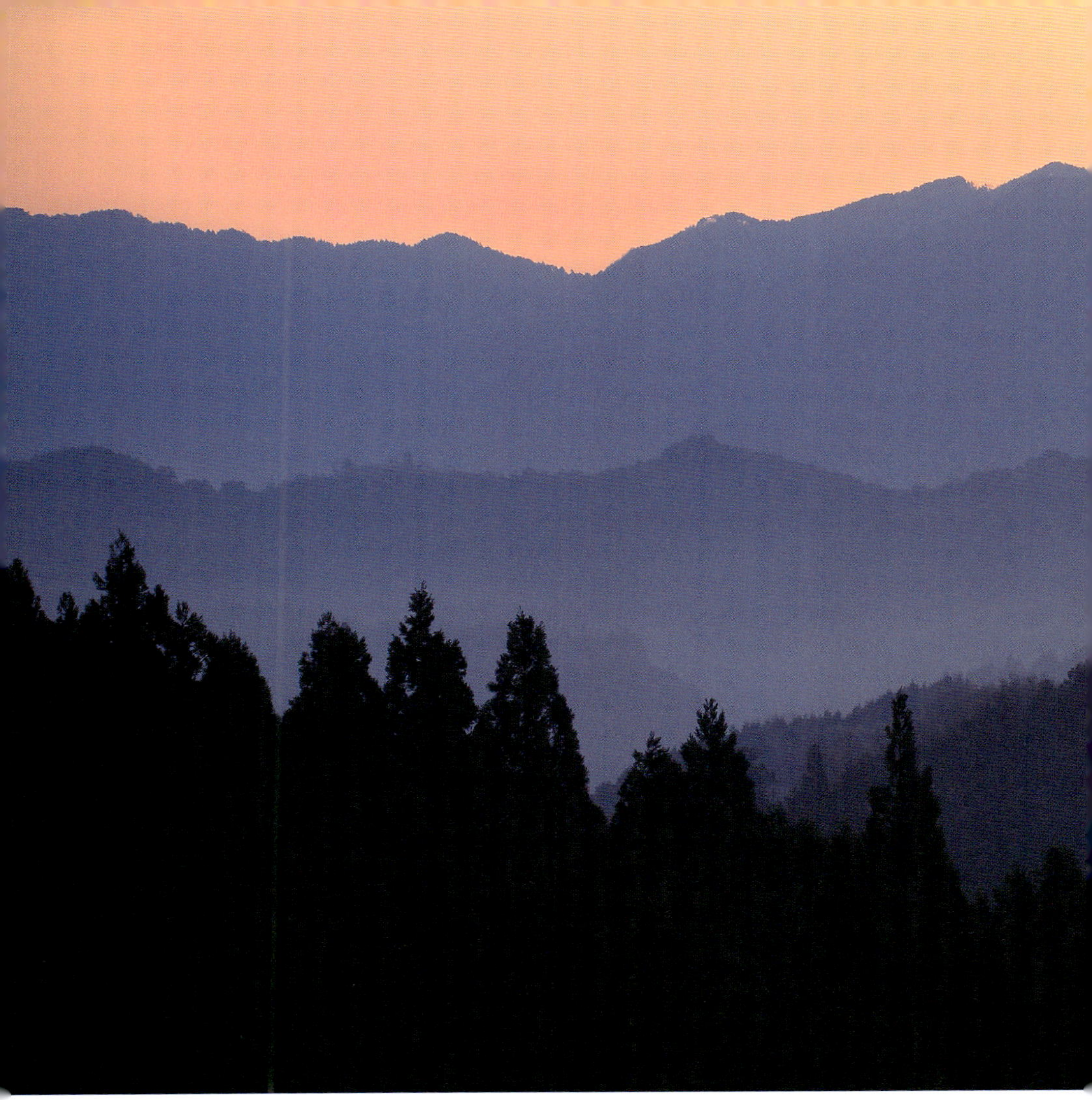

4月下旬の宇陀の夜明け。かつてこの地には阿騎野と呼ばれる宮廷の狩場があった。万葉歌人、柿本人麻呂が暁の風景を詠んだのは、軽皇子の追慕の狩りに随従したときとされる。「ひむがしの　野にかぎろひの立つ見えて　かへりみすれば　月かたぶきぬ」の世界は今も変わらない。なおかぎろひとは厳冬期快晴の日の出前、東の空を彩る陽光をいう。

立寄りプラス情報

銘菓きみごろも

新鮮な卵白を手で泡立て、一面一面丁寧に焼き付けた菓子は滑らかな食感と香ばしさが魅力。初代当主以来約九十年続く味を守るため、今も七割以上が手作業。

和洋を越えた上品な味

「松月堂」宇陀市大宇陀上1988／0745（83）0114／8時～17時30分／6個入660円（税別）

古代の政治や文化の中心地を一望

甘樫丘《あまかしのおか》

東には飛鳥寺や伝《でん》飛鳥《あすか》板《いた》蓋《ぶき》宮《のみや》跡《あと》が、西には大和三山や藤原宮跡が見えている。古代の政治の中心、飛鳥は国際色豊かな場所だった。新しい文化に出逢う熱気と、国の礎を築くため流された多くの血。丘からの風景には、歴史という言葉ではおさまりきれない生々しい「生」の葛藤が、幾層にも刻まれている。時代の空気を宿す、飛鳥大仏の大きなお顔。古代は今も息づいている。

標高148m。甘樫丘展望台から西を望む。金剛山系を背景にした風景は、特に夕刻ドラマチックになる。甘樫丘は蘇我蝦夷、入鹿親子の邸宅があった地。万葉集にも登場する。飛鳥大仏は日本初の仏像。全長の約半分を占めるお顔から、仏師の気迫が感じられる。

Data 甘樫丘 ■所在地：高市郡明日香村豊浦 ■電話:0744(54)2441(国営飛鳥歴史公園館) ■交通：近鉄橿原神宮前駅から徒歩約25分 ■Map：P109

立寄りプラス情報

日本の古代チーズ「蘇」

大鍋にかけた牛乳を加熱しながら練り、ゆっくり煮詰めて作られる蘇は、飛鳥時代は貴人たちが食した高級食材だったという。牛乳の甘みが穏やかな深い味。

みるく工房飛鳥　橿原市南浦町877／0744(22)5802／10時～17時30分／飛鳥の蘇1000円(80g・税別)

復元された古代の味

歴史ある地ののどかな里の風景

明日香の棚田《あすかのたなだ》

多武峯からの下り坂で、眼前に現れた風景に目を奪われた。夕焼け空を水面に映し、刻々と色を変えていく棚田と、背後にそびえる二上山。二つの頂を持つこの山が視界に入ることで、風景はより大和らしさを増す。人々の日々の暮らしが作り出す、おおらかで温かい里の風景は、明日香の大切な魅力の一つ。のどかな空気に心が和む。そんな景観は、歴史ある郷土への愛と誇りにより支えられている。

国道155号線沿いの尾曽付近からの眺め。明日香の棚田では稲渕地区が規模も大きく有名だが、尾曽では二上山が視界に入る。特に水を張った直後の初夏、夕刻の棚田は空を映し赤く染まる（上）。秋の曼珠沙華も美しい（左）。明日香の景観は、さまざまな努力により都市開発の波から守られている。

明日香の棚田 ■所在地：高市郡明日香村大字尾曽 ■電話：0744（54）2001（明日香村役場）■交通：近鉄岡寺駅より徒歩約1時間 ■Map：P109

蘇《そ》我《がの》入《いる》鹿《か》暗殺の密談が交わされた

多武峯　とうのみね

古来神聖な山として人々に仰がれてきた多武峯。大化の改新の中心人物、中臣鎌子《なかとみのかまこ》（藤原鎌足）は、代々この一帯を祀る神官一族の出身だった。鎌子と中大兄皇子《なかのおおえのおうじ》が、この山中で蘇我入鹿暗殺の密談を行ったのは、入鹿が神域に近づけないからだったともいう。幾重にも尾根が連なる山姿は、今も静謐なたたずまい。「談《かたら》い山」とも呼ばれるこの山の頂に、現在鎌足は眠っている。

早朝、日の出前の多武峯。青の階調が美しい（上）。この山に降り立った神は連なる尾根を下って香久山に至り、祭祀が行われたという。藤原鎌足をご祭神とする談山神社（左頁）。境内の十三重塔は、鎌足の追福のため息子定慧が建立。紅葉の名所でもある。

Data 多武峯 ■所在地：桜井市多武峰319 ■電話：0744（49）0001（談山神社）■交通：近鉄・JR桜井駅南口よりバス 終点下車、徒歩約5分 ■Map：P109

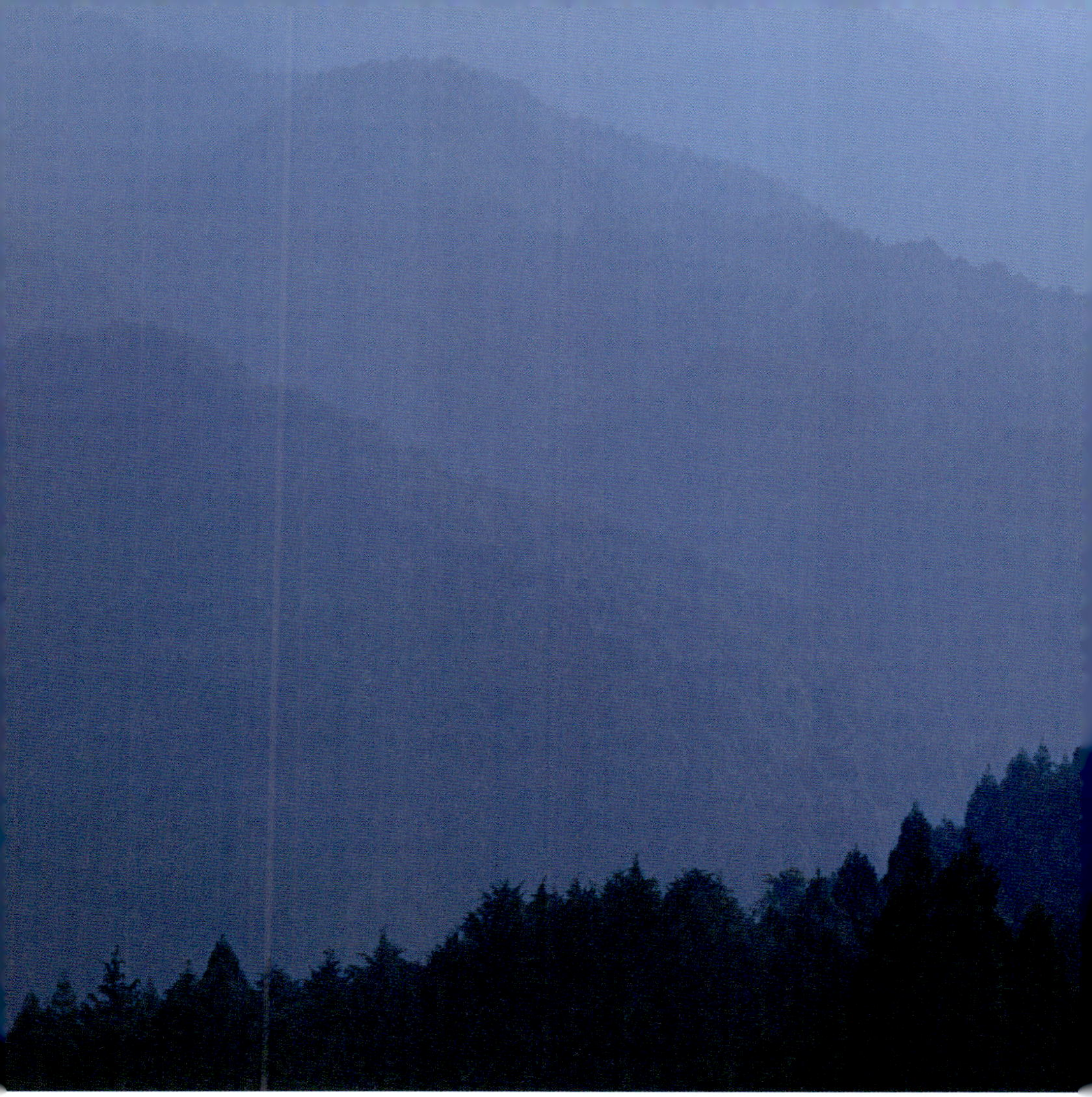

万葉びとの心の拠りどころ

大和三山《やまとさんざん》

古代から神が天降る山とされてきた香久山《かぐやま》と、神武天皇が麓に宮を営んだ畝傍《うねび》山、そして、美しい円錐形の耳成《みみなし》山。高さ二百メートルにも満たない低山が三角形を成す姿が、奈良盆地を特別な地に変えている。かつて藤原宮は、この三山に囲まれた地に造られた。京が奈良へ遷るとき、人々は日々見上げた三山に強い惜別の念を感じただろう。万葉びとの心中が偲ばれる。

10月、夕刻の大美和の杜展望台からの眺め。左から香久山、畝傍山、耳成山で、右に大神神社の大鳥居が見える。三山は三輪山を遥拝するように、畝傍山を頂点として二等辺三角形を成す。靄に霞み、奈良盆地に浮かび上がる山姿はまるで浮き島のよう。藤原宮跡に立つと存在感は一層増す。

立寄りプラス情報

狭《さ》井《い》神社《じんじゃ》の薬井戸

大神神社の摂社、狭井神社の拝殿脇にある「薬井戸」は、古くから万病に効くという、霊験あらたかな「くすり水」として知られる。御神水として大切にいただきたい。

狭井神社　桜井市三輪字狭井（大神神社境内）／0744（42）6633

薬の神様を祀る神社のご神水

Data 大和三山（大美和の杜展望台）■所在地：桜井市三輪1422 ■電話：0744（42）6633（大神神社）■交通：JR三輪駅下車徒歩約5分 ■Map：P109 column

絶景を味わうために知っておきたい

奈良の神話や歴史の主人公たち

知っているつもりでも、細部はうろ覚えのことも多い神話や歴史。今回取り上げた絶景をより深く味わうために、今一度おさらいを。

神のいます三輪山

高御産巣日神《たかみむすひのかみ》と高天原《たかまがはら》

高天彦神社のご祭神、高御産巣日神は、「古事記」によれば、天と地が初めて発《あらわ》れたとき高天原に現れた三神の中の一柱で、他の二神と同様男神、女神両方の性質を備えた特別な存在です。高天原では問題が起きるたび、この高御産巣日神と天照大御神が天《あま》の安《やす》の河原に八百万の神々を集め、議論を重ねて結論を出すと書かれています。天照大御神の命を受けた邇邇藝命《ににぎのみこと》が、地上界を治めるため、三種の神器や稲穂などを携え天降《くだ》った天孫降臨も、有名な天の岩屋戸伝説も高天原が舞台。細かな記述が少ないだけに、神々の世界への想像は膨らみます。

大物主大神《おおものぬしのおおかみ》と三輪《みわ》伝説

「日本書紀」では、大国主神の分身、「幸魂奇魂《さきみたまくしみたま》」と記される大物主大神。伝説もさまざま存在します。三輪伝説もその一つ。

活玉依毘売《いくたまよりびめ》という娘のもとに、夜ごと麗しい男が通うようになり、娘は男の子どもを身ごもります。不審に思った両親が男の正体をつきとめようと、麻糸を針に通し、男の衣の裾に刺すよう娘に指示したところ、翌朝麻糸は鍵穴を通り、三輪山の神の社まで続いていました。実は娘が宿したこの子こそが、後に父、大物主大神を祀る初代神主の意富《おお》多多泥古《たたねこ》です。手元には三巻きの糸が残っていたことから、この地を三輪と呼ぶようになったと「古事記」は伝えます。

神武東征《じんむとうせい》(宇陀編)

県北東部の宇陀は、神武天皇(当時は神倭伊波礼毘古命《かむやまといわれびこのみこと》)の東征の際、大和で最初にたどり着いた地。この地で、神武天皇はまず豪族の兄弟、エウカシとオトウカシに対し、戦《いくさ》をせず平定しようと試みます。しかし、エウカシは拒否。結局最後は、自分の作った罠に潰され滅んでいきます。

現在宇陀には、神武天皇が陣を張り、勝利の歌を詠んだという場所や、平定を祈願して植えたとされる八つ房杉など、ゆかりの場所が数々残ります。中には、エウカシが宣戦布告として放った鏑矢《かぶらや》が落ちた場所をカブラザキと呼ぶなど、地元だけで語り継がれ、地名として残っているケースも。神話は今も、この地で脈々と生き続けています。

乙巳《いっし》の変

ときは六四五年六月十二日。飛鳥《あすか》板蓋宮《いたぶきのみや》に大陸からの使節が入内し、皇極《こうぎょく》天皇の御前で上表文が奏上されるその最中、突如中大兄皇子《なかのおおえのおうじ》が現れ、参列していた蘇我入鹿《そがのいるか》を斬りつけた乙巳の変。「私は何の罪でこんな目に遭うのか」。天皇にそう問うたという入鹿は、本当は誰に、何の理由で自分が殺されるのか、最期までわからなかったかもしれません。

この歴史的クーデターの伏線となったのは、聖徳太子の長男、山背大兄王《やましろのおおえのおう》とその一族が、入鹿らの襲撃によって自害に追い込まれた事件でした。皇位継承に際し、蘇我氏と縁の強い皇子を皇太子に据えようと目論む入鹿にとって、対立候補の山背大兄王は邪魔な存在だったのです。この事件を機に、それまで俊才を競い合ってきた鎌子と入鹿の仲は決裂。鎌子はひそかに入鹿暗殺を企て、中大兄皇子など反蘇我氏による少数グループを組織し、計画を実行します。

当時は領地拡大を狙う大国、唐が強い圧力をかけ、日本は国家体制を変えて外交を一本化しなければ、滅びてしまう危機的状況にありました。蘇我氏と天皇家に分かれた権力構造から、天皇を中心とした集権国家へ。時代は大きく動いていきます。

大津皇子《おおつのみこ》と二上山

幼い頃から利発で文武に優れ、人望を集めた大津皇子の人生が大きく変わるのは、父、大海人皇子《おおあまのみこ》が壬申の乱に勝利し、天皇に即位してからのこと。一躍政権の中枢に置かれ、朝廷の執政を委ねられると、新制を次々実現させます。

一方、皇后鸕野《うの》皇女（後の持統天皇）と天武天皇との長男、つまり大津皇子の腹違いの兄の草壁《くさかべ》皇子は、皇太子にたてられていたものの病弱で、天皇が病に倒れると、周囲の期待は自ずと大津皇子へ集まるようになります。が、それは自分の子孫に皇統を伝えたいと願う皇后には耐え難い事態でした。

やがて天皇が崩御。大津皇子はひと月も立たないうちに、謀叛の罪を着せられ刑死します。享年二十四。皮肉にも草壁皇子も翌々年病没し、皇后は自ら天皇となるのです。

「うつそみの　人なる我や　明日よりは　二上山《ふたかみやま》を弟世《いろせ》わが見む（現世に留まる人である私は、明日から二上山を我が弟として見よう）」。大津皇子の姉、大来王女《おおくのひめみこ》の歌からは、愛する弟を失った深い哀しみが伝わってきます。

四章

秘境を目指す

トンネルを抜けるごとに、
新しい風景が現れる。
峠を越え、曲がりくねった道を走り、
ようやく出逢える大自然の神秘。
いざ、東へ、南へ。

4月の早朝、曽爾村の屏風岩公苑から、
室生赤目青山国定公園の雄大な景色を望
む。秋や春は朝霧が出やすい。

国定公園に広がる多様な自然

曽爾《そに》

見渡す限りの高原や幾重にも連なる山々。穏やかな景色が広がる一方、ごつごつした岩壁が垂直に二百メートルも屹立し、自然の荒々しさを感じさせる。奈良市から南東に約五十キロメートル。曽爾はさまざまな表情を持つ村だ。この地の自然は約千三百万年前の火山活動と、その後の長年の風雨による侵食で生まれたもの。古都とはひと味違う広大さ、多様さを満喫したい。

夕陽を浴び、一面のススキが黄金色に輝く10月下旬の曽爾高原。11月中旬に見頃を迎える。青い絨毯に覆われる春から夏も美しい。かつてこのススキは茅葺き屋根の材料に使われていたが、戦後トタンや瓦屋根の普及で一時消滅。後に村民の努力で復活した。「日本で最も美しい村」の一つ。

Data 曽爾村（曽爾高原）■所在地：宇陀郡曽爾村太良路 ■0745(94)2106(曽爾村観光協会) ■交通：近鉄「名張」駅からバス「太良路」下車、徒歩約1時間　または近鉄「名張」駅から直通バス「曽爾高原」下車、徒歩約15分(4/1~11/30の土・休日、9/25~11/30の平日のみ運行) ■Map：P109

立寄りプラス情報

火山活動による奇岩奇峰

屏風を立てたような断崖絶壁の屏風岩や、垂直の岩壁が連なる小太郎岩、さらに鎧岳、兜岳など火山活動による神秘的な風景も印象的。強い存在感を放つ。

屏風岩公苑　宇陀郡曽爾村長野／0745（94）2106（曽爾村観光協会）

右が鎧岳、左が兜岳。

駐車場から徒歩約40分の展望三叉路からの眺め（上）。さらに15分ほど歩くと日出ケ岳頂上に出る。大台ケ原ドライヴウェイからの紀伊山脈も圧巻（右）。この地は年間平均降水量、四千ミリメートル以上の日本有数の多雨地帯。豪雨で削られた絶壁や崖などが、雄大な景観を作る。

Data 大台ケ原 ■所在地：吉野郡上北山村大台ケ原 ■電話：07468（3）0312（大台ケ原ビジターセンター）■交通：近鉄大和上市駅からバス「大台ケ原」下車、日出ヶ岳まで徒歩約1時間（4月第4土曜～11月23日）■Map：P109

熊《くま》野《の》灘《なだ》や紀伊山脈を見晴るかす

大台ケ原《おおだいがはら》

熊野灘までわずか二十キロメートル。視界を移せば日によって富士山も拝めるという。県南東部の上北山村、大台ケ原の最高峰、日出ヶ岳から見渡す一大パノラマは、日本離れしたスケール感で見る者の言葉を失わせる。記紀神話によれば、熊野灘は神武天皇が東征の際経路に選んだとされる海。澄んだ朝陽が水面に光の道を成すさまは、ただただ神々しい。心に残る絶景である。

立寄りプラス情報

迫力とスリルの大蛇嵓《だいじゃぐら》

断崖絶壁の先端までおそるおそる進むと、眼前に深い谷と大蛇嵓と呼ばれる突き出た岩が現れる。大峰連山も一望。紀伊山脈の力強さを感じさせる。

吉野郡上北山村大台ケ原東大台／電話：07468（3）0312（大台ケ原ビジターセンター）

紅葉や新緑も美しい

正木峠付近の立ち枯れしたトウヒ。1959年、伊勢湾台風で倒れたマツ科のトウヒを数多く運び出したことで陽が差し込み、コケが衰退。代わりに繁茂した笹を主食とするニホンジカが増え、樹皮を採食したことも立ち枯れの原因という。自然の一つの姿である。

朝日に浮かび上がる彩り豊かな尾根

ナメゴ谷《なめごだに》

自然界には、なんとさまざまな色があるのだろう。山肌を覆う濃い緑の常緑樹の中を、淡い緑の階調を成す広葉樹が、龍のようにいくつも尾根を這い上がる。かつて山容の険しさに、役行者が一度引き返したという伝承から名付けられたという行者還岳《ぎょうじゃがえりだけ》。付近の国道も、深い渓谷をなぞるようにつづら折れが続く。園山に至る大峯奥駈道の入り口までは、あとわずか。人工物が一切ない、あるがままの風景が心地よい。

上北山村から天川村へ抜ける国道309号沿いの、4月末のナメゴ谷。尾根を中心に帯状に伸びる広葉樹と常緑樹の色の対比が美しい。ドラマチックなのは朝と夕。尾根のみに斜光が当たりくっきりとした陰影がつく。紅葉や山桜が咲く新緑の頃がおすすめ。冬季は閉鎖。

Data ナメゴ谷 ■住所：吉野郡上北山村西原 ■電話：07468（2）0001（上北山村役場）■交通：南阪奈道路葛城ICから車で2時間20分 ■Map：P109

原生林にそびえ立つ奇岩・奇石

石ヤ塔《いしやとう》

岩一つ一つが石像に見える。岩肌を覆う木々の隙間から迫り出すように顔を出す、高さ百メートルもの無数の奇岩。下北山村中部、国道四二五号線から「石ヤ塔」と書かれた看板だけを頼りに、細く曲がりくねった道を走ってきた。奈良市中心部からおよそ百キロメートル。長い道を経てようやく出逢えた、石の彫刻。自然が創り出す神秘的な景観に、思わず目が釘付けになる。

林道を走り、6kmほどで右に荒々しい岩群が現れる。紅葉の季節も美しく（左）、霧や霞が立ちこめると墨絵のような幽玄な世界に。下北山村には大峯奥駈道の心臓部「釈迦ヶ岳」をはじめ、修験者たちが修行を行う「靡（なびき）」と呼ばれる行場が散在している。

Data 石ヤ塔 ■所在地：吉野郡下北山村 ■電話：07468（6）0001（下北山村役場 産業建設課）■交通：国道169号線から国道425号線に入り、南都銀行前を右折。「石ヤ塔」と書かれた看板のあるY字路を左に入って約6km ■Map：P109

山深くにある雄大な滝

七重不動の滝《ななえふどうのたき》

滝の音しか聞こえない。下北山村北部、国道一六九号線沿いの「前鬼口《ぜんきぐち》」から、くねくねした道を走り二十分ほど。突如壮大な景色が現れる。かつて修験者の秘密の行場だったというこの滝の総落差は、約一六〇メートル。豊かな水量による豪快な滝音が、地鳴りのように力強く響き、滝までの距離を感じさせない。澄み切ったエメラルドグリーンの滝壺、清浄な空気。手つかずの自然に心が洗われていく。

展望所からの眺め。3段目の落差80mの大滝から6段目の滝まで見える。大瀑のため、7段全部を一度に見渡すことはできない。新緑、紅葉どちらも美しいが、霧が出る日はより幻想的に。。大滝の横に出る森林浴歩道もあり、清流を間近に体感できる。日本の滝百選の一つ。

Data 七重不動の滝 ■所在地：吉野郡下北山村前鬼■電話：07468 (6) 0001（下北山村役場　産業建設課）■交通：近鉄「大和上市」駅からバス「湯盛温泉杉の湯」下車、さらに「上桑原」行きのバスに乗り換え「前鬼口」下車、徒歩約1時間40分■Map：P.109

雲上の村で見る幻想的な風景

野迫川村の雲海《のせがわむらのうんかい》

山裾に広がる霧の海が、片時もとどまることなく静かに漂う。平均標高、約七百メートル。天空の国と呼ばれる野迫川村は、紀伊山地西部の山々に囲まれた山深い地。村の中央、荒神岳の頂上には、弘法大師空海が高野山開基前に建立したと伝わる立里《たてり》荒神《こうじん》社《じゃ》が、神聖な空気の中ひっそりとたたずむ。荘厳な日の出、黄金色の霧。空海も見た景色をしっかり目に焼き付けたい。

4月の天狗木峠付近からの景色。雲海は秋から初冬にかけての雨上がりの早朝、快晴の日に多く見られるという。漂う霧はいくら眺めても見飽きない。立里荒神社は、空海が高野山の伽藍繁栄などを願い、荒神岳に住む神を祀ったのがはじまり。開基後も毎月参詣したという。

Data 野迫川村 ■所在地：吉野郡野迫川村大字北股84（野迫川村役場）■電話：0747（37）2101（野迫川村役場産業課）■交通：五条市から国道168号線を南下、五条市大塔町小代下で右折 ■Map：P109

太古の自然 そのままの 大峡谷

瀞峡《どろきょう》

ときに紺碧、ときにエメラルドグリーン。季節によって、また時間によって、光の具合でそのときどき変わる水の色。県の最南端十津川村の、さらに南の端、長さ三十キロメートルを越す渓谷は、もとは山中にあった巨大な滝が、自らの侵食活動の繰り返しで滝壺を後退させ、形成されたという。太古より長い時間をかけ創り出された渓谷美。人智を超えた自然の力に圧倒される。

通称「瀞八丁」の10月、朝の景色。終始水面は穏やかだが、志古〜瀞峡間を行き交う観光ジェット船が通ると、波立ちきらめく。北山川上流に位置する瀞峡は、和歌山と三重の三県にまたがる国の特別名勝地。十津川村は下流にあたり、巨岩、奇岩、断崖が続く。

立寄りプラス情報

瀞ホテル

瀞峡の中でも景勝渓谷が続く瀞八丁。その中心にあるのが、築百年以上の建物を改修した瀞ホテルで、渓谷を眺めながら喫茶や軽食が楽しめる。

食堂　喫茶・瀞ホテル　吉野郡十津川村大字神下405／07466(9)0003／11時30分～売り切れ次第閉店　水・木定休／自家製ジンジャーエール500円

瀞ホテル近辺の初夏の風景。澄んだ水面に新緑が映り、エメラルドグリーンに見える。川霧が出ると一変して幻想的に。月の夜も美しい。近年は川舟でも遊覧でき、十津川村から陸路でも楽しめる。歌人の与謝野鉄幹、晶子夫妻もこの地を訪れ、歌を詠んだ。

Data 瀞峡 ■所在地：吉野郡十津川村大字竹筒 ■電話：0746(62)0004(十津川村役場 観光振興課) ■交通：吉野町役場から国道169号を走り、約2時間。近鉄奈良駅付近から車で約3時間半。 ■Map：P109

絶景を望むカフェ

column

旅の終わりに
信貴生駒《しぎいこま》スカイラインからの眺め

何気ない風景に心が動く。この旅で、何度そんな体験をしただろう。

県北西部、生駒《いこま》山地から見える大阪のビル群は、ごく普通の大都市の風景だ。日没後は夜景も美しい。だが、このビルの向うに広がる海から、かつて遣隋使や遣唐使が大陸へ向かったのだと気づいた瞬間、無機質な都会の街並みは、血の通った歴史物語の舞台へと変わる。

奈良と大阪の境に位置する生駒山地。その南部の山を「信貴《しぎ》山《さん》」と名付けたのは聖徳太子という。太子が物部守屋《もののべのもりや》を討つため、この山で戦勝祈願したところ、寅の年、寅の日、寅の刻に毘沙門天《びしゃもんてん》を感得。戦にも勝利したことから、自ら毘沙門天像を刻んで祀り、「信ずべき貴ぶ山」との思いで名付けたとされる。

かつて、生駒山地は大和と河内を結ぶ交通の要衝だった。その史実が、単なる知識ではなく実感として心に刻まれたのは、信貴山から生駒山へ通じる信貴生駒スカイラインのパノラマ展望台で、奈良と大阪、両方の風景を一度に目にしたときだった（104頁上）。生駒山地を越えると、海は思いのほか奈良から近い。展望台付近には、奈良時代、難波と平城京を最短距離で結ぶ道と

して作られた、暗越《くらがりごえ》奈良街道の難所、暗《くらがり》峠もある。さらに視界のはるか前方、二上山南麓には、飛鳥時代、大和国と河内国を結んだ幹線道路、竹内街道も現存する。この二つの街道を、かつて吉備真備《きびのまきび》や阿倍仲麻呂《あべのなかまろ》、そして小野妹子《おののいもこ》が通り、渡来の僧、鑑真和上は、難波から大和を目指したのだ。国際性に富み、国家形成を目指す人々が外に目を向けていた飛鳥や奈良時代。その気運は、この地形あってこそのことだったとも言える。

「絶景」を切り口に巡った奈良の旅。これまで先人たちの遺した書物を紐解き、一つ一つの場所で見聞きしたさまざまなことが、ここ生駒山地で、一つの線となってつながった。

古都・奈良の旅は、ジグゾーパズルを組み立てる作業に似ている。各々の地で目に触れる、一つひとつの風景の欠片。それが価値あるものかそうでないのか、完成図がイメージできない段階では判断が難しい。だが、わからないながらも欠片を拾ううち、徐々に全体像が明確になり、ただの紙きれはかけがえのないものとなる。どれだけ明確に、立体的に完成図が描けるか。奈良とはつくづく知識と想像力の両方が試される、成熟した大人にこそふさわしい地だと思う。

はじめての感動も大切。だが欠片を拾い、組み立ててはこうではないと再び足を運び、ときに俯瞰して自分なりの完成図を描く過程にこそ、古都の旅の醍醐味があるように思う。

ようこそ、奈良の絶景へ。

信貴生駒スカイライン、270度パノラマの展望台からの眺め（上）。左が奈良、右が大阪。すぐ手前に暗峠があり、視界前方の葛城山系に、日本最古の官道、竹内街道がある。大阪側では瀬戸内海や明石大橋が、（右頁下）、奈良側は平群の町（左）や大和三山（下）も見える。
■信貴生駒スカイライン　全線片道1,340円、同往復1,940円。 ■Map:P109

あとがき

堀内昭彦

今回、大和の絶景を紹介させて頂く機会を得た。巷には絶景を冠する書籍や雑誌がすでに溢れ、奈良県下の紹介も良く目にする。今さら書籍を……という感もあるかもしれない。

しかし大和の景観は、「ただ美しいだけ」の風景とは一線を画すのも確かだと思う。景勝地はその眺めだけで心が洗われ、訪ねる甲斐があるものだ。しかし、大和では心の眼を開くことで、どこを眺めようとその景観は絶景に変わっていく。すなわち、その地に宿った古人の想いや行いを同時に感じ、観る事で、目に映る情景は物理的事象を遥かに越え、深い重みを持って胸に飛び込んでくる。そんな大和の絶景を紹介する事ができるのなら、役不足は充分承知だが是非ともやってみたい……。大きな夢を描きつつ撮影を始める事となった。

今回の撮影に関して留意した点がある。メインに使用する写真は、風景の一部を切り取るのでなく、出来うる限り見た目通り……を念頭に画面を構成した。そのために広角から標準系のレンズを多用し、人が風景を見る感覚に近いとされる、少し横長の6×12センチのフィルム（2：1）を積極的に使用した。また撮影する季節や時間には、特に拘りを持って望んだ。前述した様に、その地に今も漂う神秘性や余情を喚起させる事が撮影のひとつの目的であり、写真に写す事の出来ない背景こそが主題であり、大和の力だと思ったからだ。

大和の特殊性は、奈良市街の生活圏においても顕著に現れる。古代より人の手を拒んだ自然景観と浄闇を今に残し、夕暮時、堂塔群が紅の空に浮かぶ姿は、千年の昔と何ら変わらない。また東大寺の上院からは、僧侶達による祈りの声が、節を伴なって千二百年以上に渡り引き継がれ、聞こえてくる。このような都市を他のどこに見つける事ができるだろうか。

それは北部大和に限った事ではない。少し南へ下った吉野山中では、桜雨に霞む庵に西行の姿を、降りしきる雪の中に静の舞を、夜明けの蒼い光に蔵王権現を織り重ねる事ができ、東西の高峯からは、海とは無縁のはずの大和国から海原が見渡せる。熊野灘の果てに遠く日向の国を重ね眺め、住吉津の彼方にシルクロードからの長い旅路を思い描いてしまうのは私だけではないだろう。

以前には感じる事も叶わなかった神々の姿が、神武天皇が、聖徳太子が、空海が、はたまた観阿弥、世阿弥の姿が、柳生の剣豪が、目の前の風景を変えていく。その一方、入江泰吉先生や土門拳先生の歩んだ道を畏怖しながらも規範とし、撮影を続けている。

大和の風景は己の変化と共に深みをます……これこそがこの地の魅力であり、他とは異をなす古国としての面目と言えるだろう。

MAP I　奈良市街

平城
②佐紀楯列古墳群
大和西大寺
①平城宮跡
近鉄奈良線
JR関西本線
興福院⑮
新大宮
近鉄奈良
369
正倉院
③東大寺
若草山
国立博物館
⑳氷室神社
奈良公園
興福寺⑲
御蓋山
尼ケ辻
奈良
佐保川⑩
24
⑱飛火野
⑨浮見堂
㉑㉒
天神社
瑜伽神社
JR大和路線
JR桜井線
西ノ京
近鉄橿原線
京終
㉓白毫寺

MAP II　奈良県全域市町村

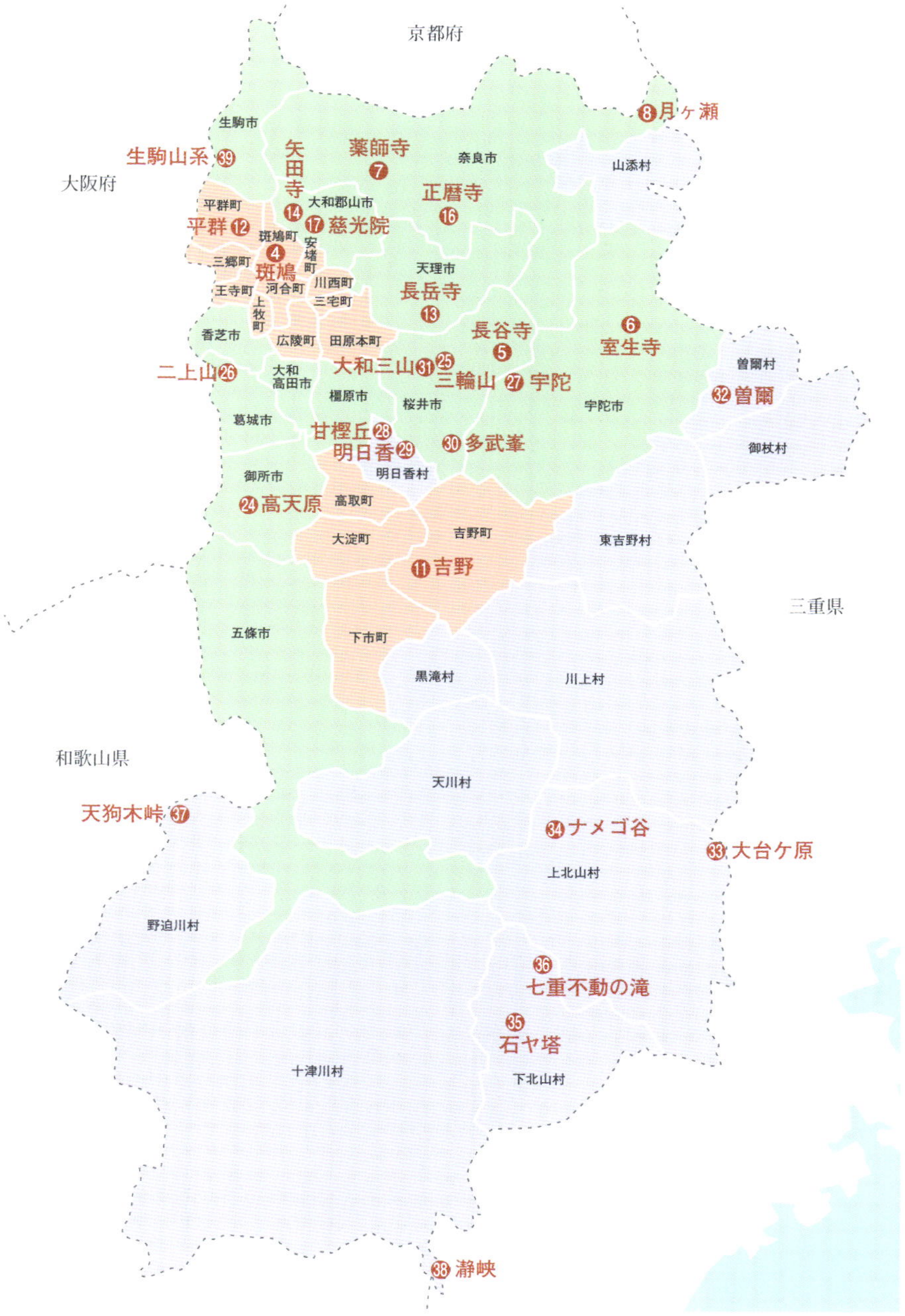

掲載項目索引

掲載項目	読み	掲載頁	所在地
明日香の棚田	あすかのたなだ	74〜75	高市郡明日香村
甘樫丘	あまかしのおか	72〜73	高市郡明日香村
斑鳩	いかるが	16〜21	生駒郡斑鳩町
石ヤ塔	いしやとう	92〜93	吉野郡下北山村
浮見堂	うきみどう	32〜33	奈良市春日野町
宇陀	うだ	68〜71	宇陀市榛原
宇奈多理坐高御魂神社	うなたりいますたかみむすびじんじゃ	7	奈良市法華寺町
大台ケ原	おおだいがはら	86〜89	吉野郡上北山村
きみごろも	きみごろも	71	宇陀市大宇陀
興福寺	こうふくじ	57	奈良市登大路町
興福院	こんぶいん	46〜47	奈良市法蓮町
狭井神社	さいじんじゃ	79	桜井市三輪
佐紀楯列古墳群	さきたてなみこふんぐん	8〜9	奈良市佐紀町
佐保川	さほがわ	34〜35	奈良市法華寺町から大安寺町
信貴山	しぎさん	102〜105	生駒郡平群町
慈光院	じこういん	52〜55	大和郡山市小泉町
松月堂	しょうげつどう	71	宇陀市大宇陀
正暦寺	しょうりゃくじ	48〜51	奈良市菩提山町
石州麺	せきしゅうめん	54	大和郡山市小泉町
蘇	そ	73	橿原市南浦町
曽爾	そに	82〜85	宇陀郡曽爾村
大蛇嵓	だいじゃぐら	87	吉野郡上北山村
高鴨神社	たかかもじんじゃ	63	御所市鴨神
高天原	たかまがはら	60〜63	御所市大字高天
田村みたらし団子	たむらみたらしだんご	19	生駒郡斑鳩町
談山神社	たんざんじんじゃ	76〜77	桜井市多武峰
長岳寺	ちょうがくじ	42〜43	天理市柳本町
月ヶ瀬	つきがせ	28〜31	奈良市月ヶ瀬
天神社	てんじんじゃ	59	奈良市高畑町

東大寺	とうだいじ	12〜15・56・58	奈良市雑司町
多武峯	とうのみね	76〜77	桜井市多武峰
飛火野	とびひの	56	奈良市春日野町
瀞峡	どろきょう	98〜101	吉野郡十津川村
瀞ホテル	どろほてる	101〜102	吉野郡十津川村
七重不動の滝	ななえふどうのたき	94〜95	吉野郡下北山村
ナメゴ谷	なめごだに	90〜91	吉野郡上北山村
奈良太郎	ならたろう	15	奈良市雑司町
二上山	にじょうざん	66〜67	葛城市新在家から加守
日本清酒発祥の地	にほんせいしゅはっしょうのち	51	奈良市菩提山町
如意輪寺	にょいりんじ	39	吉野郡吉野町
野迫川村の雲海	のせがわむらのうんかい	96〜97	吉野郡野迫川村
長谷寺	はせでら	22〜23	桜井市初瀬
氷室神社	ひむろじんじゃ	59	奈良市春日野町
百毫寺	びゃくごうじ	59	奈良市百毫寺町
屏風岩公苑	びょうぶいわこうえん	85	宇陀市曽爾村
平城旧跡	へいじょうきゅうせき	2〜7	奈良市二条大路南
平群桃源郷	へぐりとうげんきょう	40〜41	生駒郡平群町
法起寺	ほうきじ	20〜21	生駒郡斑鳩町
法隆寺	ほうりゅうじ	16〜17	生駒郡斑鳩町
法輪寺	ほうりんじ	18〜19	生駒郡斑鳩町
正岡子規句碑	まさおかしきくひ	17	生駒郡斑鳩町
みるく工房飛鳥	みるくこうぼうあすか	73	橿原市南浦町
三輪山	みわやま	64〜65	桜井市三輪
室生寺	むろうじ	24〜25	宇陀市室生
森野旧薬園	もりのきゅうやくえん	70	宇陀市大宇陀
薬師寺	やくしじ	26〜27	奈良市西ノ京町
矢田寺	やたでら	44〜45	大和郡山市矢田町
大和三山	やまとさんざん	78〜79	桜井市三輪
瑜伽神社	ゆうがじんじゃ	59	奈良市高畑町
吉野山	よしのやま	36〜39	吉野郡吉野町

著者紹介

堀内昭彦（ほりうち・あきひこ）

兵庫県生まれ。写真家。一九八八年、東京在住時にフリーとしての活動開始。ヨーロッパの風景や文化を中心に書籍や雑誌の連載、特集で活躍。二〇〇九年、奈良に移住。日本文化や風景・行事等の撮影に入る。雑誌等を中心に特集・連載で日本の魅力を発信し始める。著書に『ショパン紀行―あの日ショパンが見た風景』（東京書籍）、『ブラームス音楽の森へ』（世界文化社）、『おとなの奈良 心を澄ます旅』（淡交社）他がある。

堀内みさ（ほりうち・みさ）

東京都生まれ。東京女子大学日本文学科卒。ライター、エッセイストとして雑誌や書籍で活動を展開。主にクラシック音楽の分野で執筆していたが、二〇〇九年、奈良に拠点を置いたことを機に、日本の音楽や文化についての取材・研究を開始。近年は日本音楽や奈良に関する執筆も増えている。著書に『ショパン紀行―あの日ショパンが見た風景』（東京書籍）、『ブラームス音楽の森へ』（世界文化社）、『おとなの奈良 心を澄ます旅』（淡交社）他がある。

装訂　株式会社ザイン（大西和重・大西未生）

地図作成　株式会社ひでみ企画（松井美弥子）

奈良を愉しむ
おとなの奈良 絶景を旅する

平成二十八年七月二十一日　初版発行

写真　堀内昭彦
文　堀内みさ
発行者　納屋嘉人
発行所　株式会社 淡交社
本社　〒六〇三‐八五八八 京都市北区堀川通鞍馬口上ル
営業（〇七五）四三二‐五一五一
編集（〇七五）四三二‐五一六一
支社　〒一六二‐〇〇六一 東京都新宿区市谷柳町三九‐一
営業（〇三）五二六九‐七九四一
編集（〇三）五二六九‐一六九一
http://www.tankosha.co.jp

印刷製本　図書印刷株式会社

ISBN978-4-473-04100-5

定価はカバーに表示してあります。